ARRÊTÉ

du Maire de la Ville de Bordeaux

PORTANT

Règlement général

SUR LE

SERVICE DES SAPEURS-POMPIERS

31 JUILLET 1923

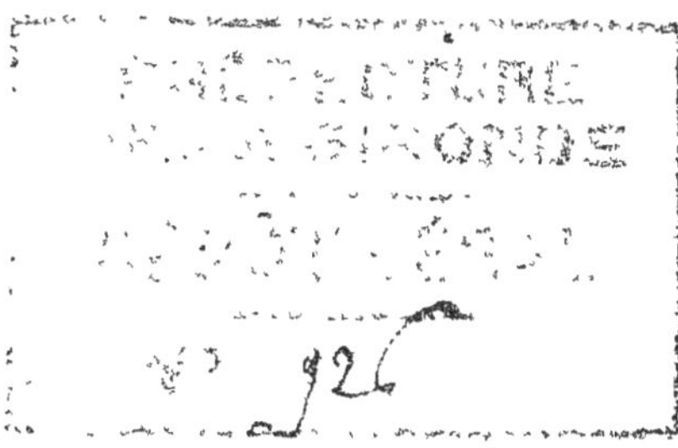

BORDEAUX

IMPRIMERIE NOUVELLE F. PECH

7, RUE DE LA MERCI, 7

1923

ARRÊTÉ

du Maire de la Ville de Bordeaux

PORTANT

Règlement général

SUR LE

SERVICE DES SAPEURS-POMPIERS

31 JUILLET 1923

BORDEAUX

IMPRIMERIE NOUVELLE F. PECH

7, RUE DE LA MERCI, 7

—

1923

RÈGLEMENT GÉNÉRAL

SUR LE

Service des Sapeurs-Pompiers

LE MAIRE DE LA VILLE DE BORDEAUX, chevalier de la Légion d'honneur;

Vu l'article 97 de la Loi du 5 avril 1884;

Vu le Décret du 10 novembre 1903, modifié par celui du 18 avril 1914, portant Règlement d'administration publique sur l'organisation des sapeurs-pompiers communaux;

Vu la délibération du Conseil municipal en date du 23 décembre 1921, sur la réorganisation du Service de secours contre l'incendie;

Vu l'Arrêté ministériel du 14 janvier 1922, créant le bataillon des sapeurs-pompiers;

Sur les propositions du commandant du bataillon des sapeurs-pompiers de Bordeaux;

ARRÊTE :

Organisation

ARTICLE PREMIER. — Le corps des sapeurs-pompiers de la ville de Bordeaux, constitué en bataillon, est composé exclusivement de professionnels casernés, relevant du Ministre de l'intérieur et placé sous le le contrôle immédiat du Maire.

Ce corps est particulièrement destiné à porter secours, en cas d'incendie ou d'accidents de toute nature, dans les limites ou hors des limites de la ville.

ART. 2. — La ville est divisée en trois grands secteurs :

Le centre, desservi par la caserne située rue d'Ornano, 56, constituant le quartier central;

Le quartier nord, comprenant toute la partie de la ville au delà du cours de la Martinique, est desservi par le poste central de Bacalan, situé rue Bourbon, 7;

La rive droite est desservie par le poste central de La Bastide, rue de Nuits, et le poste spécial de la rue de La Jaunie.

Un poste-vigie, installé au Grand-Théâtre, est plus spécialement affecté à la garde de ce monument.

L'ensemble du Service est placé sous l'autorité et la direction, du chef de bataillon commandant, qui en réfère au Maire pour toutes les décisions à prendre.

ART. 3. — Les communes limitrophes de Bordeaux peuvent être rattachées au Service d'incendie de la Ville par contrats spéciaux à intervenir entre ces communes et la Ville.

Les communes non contractantes et celles situées en dehors de l'agglomération bordelaise peuvent également recevoir des secours du bataillon aux conditions suivantes :

Par période de six heures (comptée du départ à la rentrée à la caserne), tout service commencé comptant pour une période de six heures :

Indemnité par fourgon-pompe ou motopompe. Fr. 300

Indemnité par camion ou voiture de service.... 50

Indemnité par homme........................... 10

et remboursement de l'essence et de l'huile consommées

La commune secourue est responsable de tout accident, du départ à l'arrivée. Elle garantit la Ville de Bordeaux contre les conséquences de toute nature pouvant résulter pour les sapeurs-pompiers de maladies, infirmités ou accidents contractés ou survenus au cours du sinistre.

Elle s'engage à garantir la Ville de Bordeaux contre tout recours que pourraient exercer contre elle les Compagnies qui la garantissent contre les accidents et les dégâts survenus aux tiers.

Elle doit, en outre, assurer à ses frais la nourriture du personnel mis à sa diposition.

Services rétribués

Service d'incendie dans les théâtres, concerts, etc. : 6 francs par sapeur (vacation doublée à partir de minuit) ;

Rondes dans les cinémas : 2 francs l'une ;

Sauvetage d'animaux, dégagement de la voie publique :

25 francs de 6 heures à 18 heures.

50 francs de 18 heures à 6 heures.

Epuisements, feux de stocks de charbon, par période de six heures (une période commencée comptant pour une période entière de 6 heures) :

Motopompe ou pompe à vapeur (combustible et huile en plus)..............................Fr.   150

Par sapeur.....................................   10

Par tuyau employé.............................   3

Effectif

ART. 4. — L'effectif légal du bataillon, déterminé par l'Arrêté ministériel du 14 janvier 1922, est - composé ainsi qu'il suit :

État-Major

1 chef de bataillon, commandant.
1 capitaine-adjudant-major.
1 médecin-major.
1 sous-officier secrétaire.

Petit État-Major

1 adjudant mécanicien.
1 sous-officier sous-chef mécanicien.
2 caporaux mécaniciens.
3 téléphonistes.

Deux compagnies comprenant chacune :

1 capitaine ou 1 lieutenant commandant.
1 lieutenant en second ou 1 sous-lieutenant.
1 adjudant de compagnie.
2 adjudants chefs de postes centraux.
1 sergent-major.
1 sergent fourrier.
1 caporal fourrier.
10 sergents.
16 caporaux.
96 sapeurs.

130

Le médecin-major, particulièrement chargé de la visite dans les postes centraux, est secondé par un autre médecin nommé par le Maire. Celui-ci supplée le médecin-major indisponible.

Chaque compagnie est divisée en deux sections, placées chacune sous la direction d'un officier, et chaque section en deux demi-sections, sous la direction d'un sergent.

Les postes centraux sont commandés par un adjudant, chef de poste, assisté d'un ou de deux sergents sous-chefs de poste.

Tout le personnel, qu'il soit affecté à la caserne ou aux postes centraux, se doit de jour et de nuit au service du bataillon. Il ne peut exercer d'autre profession que celle de sapeur-pompier et il lui est interdit de travailler pendant les jours de repos ou pendant la durée des congés annuels chez des commerçants, des industriels ou des entrepreneurs quelconques.

Conseil d'administration

ART. 5. — Le Conseil d'administration, déterminé par l'Arrêté ministériel du 6 avril 1922, est composé ainsi qu'il suit :

Le Maire de Bordeaux ou son délégué, président;

Deux Conseillers municipaux désignés par le Conseil municipal;

Deux membres nommés par le Maire;

Le commandant;

Le capitaine-adjudant-major;

Un lieutenant;

Deux sous-lieutenants;

Un adjudant;

Deux sous-officiers;

Un caporal;

Un sapeur.

Soit quinze membres.

Les membres officiers sont désignés par le chef de corps.

Les sous-officiers, caporaux et sapeurs sont désignés par leurs collègues du même grade et par vote au bulletin secret.

Ils restent en fonctions pendant deux ans.

Le Conseil d'administration se réunit en principe tous les mois et plus souvent s'il est jugé nécessaire, sur la convocation du Maire.

Attributions respectives

COMMANDANT

ART. 6. — Le commandant dirige le Service d'incendie et commande le bataillon, dont il règle tous les
détails de service (secours, instruction, discipline).

Il se rend à tous les sinistres où il juge sa présence
nécessaire.

Il exerce une surveillance constante sur les établisse-
ments dangereux et procède à toutes les études en vue
de l'amélioration et du perfectionnement du Service
d'incendie.

Il a la direction des ateliers du corps et des Services
administratifs. Il établit le tableau de l'emploi du
temps et le programme d'instruction qu'il remet à
l'approbation du Maire.

Il correspond seul avec le Maire, pour tout ce qui
concerne le service, et soumet à sa signature, après les
avoir visées lui-même, toutes les pièces de comptabilité relatives au paiement des dépenses, quelles qu'en
soient la nature ou l'importance.

Il avise le Maire, par rapport écrit, de tous les faits
graves qui se sont produits à l'intérieur ou à l'extérieur
du quartier, en indiquant toutes les mesures d'urgence
que, dans l'intérêt du service, il a été appelé à
prendre.

Il adresse tous les jours au Maire la situation-rapport
des vingt-quatre heures, conforme au modèle adopté
par l'Administration municipale.

Après chaque sortie, il adresse au Maire un rapport
détaillé sur la nature du sinistre, d'après les indica-
tions portées sur les feuilles de renseignements établies
par l'Administration.

Chaque matin, à l'heure fixée par le tableau du service journalier, il préside au rapport général, auquel
assistent les officiers, qui reçoivent ses instructions et
lui présentent leurs demandes verbales ou écrites.

CAPITAINE-ADJUDANT-MAJOR

ART. 7. — Le capitaine-adjudant-major remplace le commandant pendant la durée de son absence, pour tout ce qui concerne le service courant.

Il s'assure que le service fonctionne d'après les directives établies par le commandant, et il lui rend compte des faits qui se sont passés en son absence.

Il concourt à tour de rôle au Service d'incendie journalier. Il a la surveillance du mess.

Il remplit les fonctions d'officier-payeur, fait dresser les états de solde, en touche ou fait toucher le montant, sous sa responsabilité, par le sergent-major et paie à ses subordonnés ce qui leur revient.

Un fonds de roulement de 500 francs lui est confié pour les menues dépenses. L'officier-payeur justifie les paiements effectués au moyen des comptes réguliers visés par le commandant et le Maire. Tous les mois, la Caisse municipale lui rembourse les sommes dépensées afin de rétablir le chiffre maximum du fonds de roulement.

CAPITAINES, LIEUTENANTS ET SOUS-LIEUTENANTS

ART. 8. — Les capitaines ou lieutenants commandants de compagnie administrent leur unité et en dirigent l'instruction d'après le programme prescrit par le commandant.

Ils font tenir par les comptables tous les registres exigés par l'Administration.

Ils sont aidés par les lieutenants en second ou les sous-lieutenants, dont le plus ancien, dans chaque compagnie, est officier de casernement et le plus jeune officier d'habillement.

Les lieutenants en second et les sous-lieutenants remplissent les fonctions d'officiers de section dans leur compagnie. Ils tiennent à cet effet un carnet spécial avec l'état nominatif de tous leurs hommes qu'ils notent périodiquement. Les capitaines, lieutenants et sous-lieutenants concourent au Service d'incendie journalier.

* *

Art. 9. — Le Service d'incendie journalier est placé sous les ordres de l'officier chef de garde et de l'officier suivant de garde qui doivent se conformer aux instructions spéciales du service intérieur concernant leurs fonctions.

Art. 10. — Tous les officiers assurent le Service de ronde et de visite des postes.

ADJUDANTS

Art. 11. — Les adjudants sont chargés de tous les détails du service intérieur, de la surveillance et de la bonne tenue des locaux (à l'exception des bureaux et des ateliers) et de la tenue du personnel.

Ils assurent le Service de ronde dans les théâtres et les cinémas et tiennent le registre spécial des rondes.

Ils établissent la feuille journalière de garde d'incendie d'après les règles établies par le commandant et sous le contrôle du commandant de compagnie ou d'un officier désigné.

Pour le Service de garde du personnel technique, ils se rapportent aux feuilles mensuelles établies par le commandant.

L'adjudant mécanicien est chargé des ateliers.

Les adjudants de compagnie et l'adjudant mécanicien concourent à tous les Services d'incendie dans les mêmes conditions que les autres sous-officiers.

Les adjudants chefs de postes centraux ont, dans leurs postes, les mêmes prérogatives que les officiers chefs de garde.

Ils concourent au Service de ronde comme les adjudants de compagnie et l'adjudant mécanicien.

SERGENTS-MAJORS

Art. 12. — Les sergents-majors sont chargés de toute la comptabilité. Ils sont responsables vis-à-vis du commandant de la tenue des registres, contrôles, états de solde, etc., et de la conservation de tout le matériel du bataillon autre que le matériel d'incendie.

Ils ont l'entretien et la comptabilité de l'habillement. Ils sont aidés dans ce travail par les sergents fourriers et les caporaux fourriers.

Ils remplacent les adjudants absents.

Ils concourent dans les mêmes conditions que ceux-ci à tous les Services d'incendie, de ronde et de théâtre.

Ils expédient journellement les pièces comptables exigées par l'Administration municipale.

SERGENTS FOURRIERS ET CAPORAUX FOURRIERS

ART. 13. — Les sergents fourriers et les caporaux fourriers sont les auxiliaires des sergents-majors, qu'ils aident dans la tenue des écritures et des registres.

Les sergents fourriers communiquent les ordres aux officiers. Ils sont spécialement chargés de la literie et du chauffage. Ils remplacent les sergents-majors quand ceux-ci sont absents.

Ils concourent à tous les services avec les sergents.

Les caporaux fourriers tiennent plus spécialement les écritures courantes et sont chargés de la vérification des différents rapports des postes, théâtres, etc.

Ils assurent le même service que les sergents en dehors de leurs occupations de bureau (Services d'incendie, de ronde, de théâtre).

SERGENTS

ART. 14. — Les sergents sont chefs de demi-sections. Ils tiennent un carnet-contrôle de leur demi-section. Ils commandent aux caporaux et aux sapeurs en tout ce qui concerne le service, la discipline, la tenue, l'instruction et la police intérieure. Ils sont sous les ordres directs de l'officier chef de section, envers lequel ils sont responsables de tous les ordres donnés. Ils surveillent particulièrement l'habillement et sont chargés de matriculer les effets des caporaux et des sapeurs. Ils alternent entre eux comme sergents de liaison. Au feu, ils sont chefs de secteur et se conforment strictement aux prescriptions ·de l'instruction sur le Service d'incendie.

CAPORAUX.

ART. 15. — Les caporaux aident les sergents dans l'instruction et surveillent les corvées.

Au feu, ils remplissent plus particulièrement les fonctions de « chefs » et de « sous-chefs ».

ART. 16. — Des sergents ou des caporaux peuvent occuper certains emplois spéciaux pour lesquels des indemnités sont allouées. Un caporal peut occuper l'un des emplois de téléphoniste.

SAPEURS.

ART. 17. — Les sapeurs sont de 1re ou de 2e classe. Les sapeurs de 1re classe sont nommés au choix parmi les sapeurs de 2e classe, qui se sont fait remarquer par leur instruction technique, leur tenue et leur manière générale de servir.

Exceptionnellement, des sapeurs de 2e classe peuvent être promus à la 1re classe pour acte de courage ou de dévouement. Le nombre des sapeurs de 1ro classe ne peut excéder la moitié de l'effectif non gradé.

Tous les sapeurs doivent être aptes à remplir les différentes fonctions dans la garde d'incendie.

Les sapeurs doivent accomplir personnellement le service pour lequel ils sont désignés. Ce n'est qu'à titre exceptionnel qu'ils peuvent obtenir, et pour un besoin urgent, l'autorisation de permuter avec un camarade disponible. Les autorisations de ce genre sont accordées par l'officier de garde et le remplacement assuré par l'adjudant.

INSTRUCTION DES SAPEURS

ART. 18. — En dehors des séances d'instruction technique, théorique et pratique, des cours spéciaux d'élèves caporaux et d'élèves sous-officiers fonctionnent régulièrement sous la surveillance du capitaine-adjudant-major et donnent lieu à des examens semestriels qui permettent d'établir un premier classement des candidats.

MÉCANICIENS ET CONDUCTEURS

ART. 19. — Les gradés mécaniciens sont spécialement chargés des réparations du matériel. Ils concourent au Service d'incendie au même titre et dans les mêmes conditions que leurs camarades du même grade.

Les conducteurs sont affectés à la conduite des voitures automobiles.

Ils doivent posséder le certificat de capacité requis pour les conducteurs civils et ne sont agréés qu'après examen.

Ils suivent au préalable les classes d'instruction des sapeurs avant d'être nommés conducteurs.

Les conducteurs assurent, en outre, les mêmes services que les sapeurs.

Les mécaniciens et les conducteurs relèvent directement du commandant pour tout ce qui concerne le service technique. Pour le service ordinaire, ils sont commandés par les gradés désignés par le commandant.

INSTRUCTEURS DE GYMNASTIQUE

ART. 20. — Des sergents ou des caporaux de bataillon, anciens moniteurs de gymnastique, peuvent être désignés par le chef de corps et nommés moniteurs par arrêté du Maire. Cet emploi peut donner lieu à une gratification annuelle.

Recrutement

Conditions d'admissibilité.

OFFICIERS.

ART. 21. — Le chef de bataillon, commandant, et le capitaine-adjudant-major seront recrutés à la suite d'un concours sur titres ouvert aux candidats du corps ou hors du corps.

Les officiers de compagnie sont autant que possible recrutés parmi les sous-officiers du corps *et par voie de concours.*

Sont seuls admis à concourir les sous-officiers ayant une instruction générale suffisante et présentant des qualités physiques et morales indispensables pour exercer un commandement.

Le concours comporte :

1° Un examen écrit (composition française, mathémathiques, dessin) ;

2° Un examen oral (une question sur chacune des matières de programme, du brevet de 1re classe pour les officiers professionnels : constructions, théâtres, mécanique, hydraulique, électricité, physique et chimie, moteur d'automobile, pompes, matériel d'incendie) ;

3° Une épreuve pratique (leçon de gymnastique, direction d'une pause d'instruction, résolution d'un thème d'après un plan et sur le terrain).

ART. 22. — Le recrutement du personnel (officiers et sapeurs) a lieu par engagement de cinq ans, conformément aux dispositions du Décret du 18 avril 1914.

La durée du service est de vingt-cinq ans et la limite d'âge est fixée à cinquante-cinq ans.

L'engagement quinquennal peut être résilié ou non renouvelé pour cause d'inaptitude physique ou de mauvais services, sur rapport du médecin-major dans le premier cas, du commandant dans le second.

ART. 23. — Sont seuls admis à contracter un engagement au corps des sapeurs-pompiers de Bordeaux les Français âgés de trente ans au plus, ayant accompli leur service militaire, jouissant de leurs droits civils et n'ayant subi aucune condamnation susceptible de faire obstacle à la réception de l'engagement dans un corps de troupe de France.

L'engagé devra avoir la taille de 1 ^{m} 62 au moins, jouir d'une santé robuste et d'une bonne vue. Il est soumis à une première visite médicale lors de son entrée au corps, devant le médecin-major du bataillon qui délivre, s'il y a lieu, le certificat d'aptitude physique aux sapeurs-pompiers, et ensuite à une seconde visite à l'expiration de son stage en vue de sa titularisation, s'il y a lieu.

Sont admis de préférence les candidats exerçant une profession pouvant trouver une application directe dans le corps.

Les admissions sont prononcées par le Conseil d'administration et ratifiées par arrêté du Maire.

Lorsqu'ils auront été admis comme célibataires, les hommes ne pourront se marier sans, au préalable, avoir obtenu l'agrément de l'Administration.

Stage

ART. 24. — Les officiers et sapeurs accomplissent un stage d'une année avant d'être titularisés, mais l'engagement signé à l'expiration du stage aura un effet rétroactif et remontera à la date à laquelle le stage aura commencé. Au cours de ce stage, ils touchent toutes les indemnités auxquelles ont droit les titulaires. Ceux qui doivent participer à la Caisse des retraites effectuent comme ces derniers les versements prévus. Toutefois, les retenues réglementaires ainsi effectuées leur seront remboursées sans intérêts, dans le cas où, pour un motif quelconque, ils viendraient à ne pas être titularisés.

ART. 25. — Les pièces à fournir par les officiers et sapeurs, à l'appui d'une demande d'engagement, sont les suivantes :

1° La demande d'engagement ;

2° Un certificat de bonnes vie et mœurs ;

3° Un certificat d'aptitude délivré par le médecin-major du corps ;

4° Un extrait du casier judiciaire, lequel est demandé par l'Administration municipale (Bulletin 2). Toute condamnation figurant au casier est une cause d'exclusion.

Pour les candidats venant directement du régiment de sapeurs-pompiers de Paris :

1° La demande d'engagement ;

2° L'état signalétique des services ;

3° Le relevé des punitions ;

4° Un certificat d'aptitude délivré par le médecin-major du corps.

Nominations — Avancement
Révocations

ART. 26. — Les nominations sont prononcées :

Pour les officiers, par décret du Président de la République ;

Pour les sous-officiers, les caporaux et les sapeurs, par le chef de corps et par arrêté du Maire.

Les nominations aux différents grades sont exclusivement prononcées au concours.

La révocation des officiers est prononcée par décret du Président de la République. Leur suspension, ne pouvant excéder six mois, est prononcée par le Préfet.

La révocation des sous-officiers, caporaux et sapeurs est prononcée par le Conseil d'administration sur la proposition du Conseil de discipline.

Solde

Art. 27. — Les officiers, à partir du grade de sous-lieutenant et les médecins du corps ne sont ni rétribués, ni habillés aux frais de la Ville. Ils sont à la disposition de l'Administration et reçoivent, à titre d'honoraires, une indemnité individuelle fixée par la Municipalité, payable par mois, à terme échu, basée sur la durée et l'importance des services municipaux rendus, plutôt que sur le grade, et enfin toujours facultative, variable et révocable.

Les soldes sont déterminées conformément au tableau annexé à la délibération du Conseil municipal du 1er août 1922.

EMPLOI	CLASSE	Salaire annuel	Temps passé dans chaque classe	OBSERVATIONS
Lieutenant en second ou sous-lieutenant	1re	8.000	»	A la disposition de l'Administration.
	2e	7.500	4 ans	
	3e	7.000	4 ans	
	4e	7.000	3 ans	
	5e	7.000	3 ans	
	6e	7.000	2 ans	
TROUPE				Les sous-officiers et sapeurs reçoivent les deux indemnités suivantes :
Adjudants.........	1re	6.600	»	1° Pour les hommes mariés seulement, un logement estimé à 500 fr. ou semblable somme en espèces (cette dernière indemnité est passible de retenues pour la Caisse commune des retraites);
	2e	6.300	5 ans	
	3e	6.000	4 ans	
	4e	5.700	3 ans	
	5e	5 450	3 ans	
	6e	5.200	2 ans	
Sergent-Major	1re	6.300	»	2° Pour les célibataires vivant à la caserne, le logement est évalué à 200 fr., somme sur laquelle seront prélevées des retenues pour la Caisse des retraites.
	2e	6.000	5 ans	
	3e	5.700	4 ans	
	4e	5.400	3 ans	
	5e	5.200	3 ans	
	6e	5.000	2 ans	
Sergent fourrier	1re	6.200	»	Pour tous, l'habillement est fourni par la Ville.
	2e	5.900	5 ans	
	3e	5.600	4 ans	
	4e	5.300	3 ans	
	5e	5.100	3 ans	
	6e	4.900	2 ans	
Sergents...........	1e	6.100	»	En plus des avantages ci-dessus, les agents mariés reçoivent 100 kilos de charbon par mois et bénéficient de l'éclairage.
	2e	5 800	5 ans	
	3e	5.500	4 ans	
	4e	5.200	3 ans	
	5e	5.000	3 ans	
	6e	4 800	2 ans	
Caporal fourrier....	1re	5.800	»	Ils reçoivent des allocations pour services rétribués (fêtes, théâtres, etc.).
	2e	5.500	5 ans	
	3e	5 300	4 ans	
	4e	5.100	3 ans	
	5e	4.900	3 ans	
	6e	4.700	2 ans	

EMPLOI	CLASSE	Salaire annuel	Temps passé dans chaque classe.	OBSERVATIONS
Caporaux	1re	5.700	»	
	2e	5.450	5 ans	
	3e	5.200	4 ans	
	4e	5.000	3 ans	
	5e	4.800	3 ans	
	6e	4.600	2 ans	
Sapeurs de 1re classe.	1re	5.500	»	
	2e	5.200	5 ans	
	3e	4.900	4 ans	
	4e	4.700	3 ans	
	5e	4.500	3 ans	
	6e	4.300	2 ans	
Sapeurs de 2e classe.	1re	5.400	»	
	2e	5.100	5 ans	
	3e	4 800	4 ans	
	4e	4.600	3 ans	
	5e	4.400	3 ans	
	6e	4 200	2 ans	
Mécanicien chef d'atelier, Mécaniciens monteurs, Spécialistes du moteur automobile		1.200 à 600	par an	Indemnités attribuées par arrêté et passibles de retenues pour la Caisse des retraites.
Mécaniciens ajusteurs et tourneurs.		600 à 800	par an	
Ouvriers divers (peintre ou menuisier)		400 à 600	par an	
Conducteurs de pompe à vapeur et de fourgon-pompe.....		400	par an	
Conducteurs auxiliaires		150	par an	
Sapeurs chargés du matériel..		300	par an	
Téléphonistes		150	par an	
Sapeurs-infirmiers..		150	par an	

NOTA — Les gradés pourvus d'emploi comptent dans le cadre, qui ne peut dépasser l'effectif prévu au budget pour l'année. Les variations d'indemnités d'emploi ne joueront pas d'après l'ancienneté, mais d'après la capacité et les services rendus.

Services rétribués

ART. 28. — Le produit de la rétribution individuelle payée par les directeurs de spectacles, les communes suburbaines et autres personnes pour services spéciaux, sera remis, dès son encaissement, entre les mains de l'officier-payeur, qui devra en opérer le versement au moins une fois par mois à la Caisse municipale, pour être réparti ensuite, par portions égales, à la fin de chaque trimestre, entre les sapeurs-pompiers.

Les sapeurs qui compteront moins de trois mois de présence dans le corps y participeront au prorata de la durée de leur service.

Retraites

ART. 29. — Les sous-officiers, caporaux et sapeurs seront affiliés à la Caisse commune des retraites pour tous les Services municipaux. Il en sera de même des officiers venant du rang et qui étaient affiliés à cette Caisse antérieurement à leur nomination.

Les sous-officiers, caporaux et sapeurs du Service technique qui recevront des indemnités de fonctions, ainsi que ceux qui sont logés subiront la retenue au profit de la dite Caisse, sur le montant de ces indemnités ou l'évaluation de ces avantages.

Ils peuvent, en outre, être soumis à des retenues spéciales pour cause de congé ou d'absence, ou pour cause disciplinaire.

Secours

ART. 30. — Indépendamment des secours auxquels peuvent avoir droit, aux termes de la Loi du 5 avril 1851, les sapeurs blessés dans le service, ainsi que les veuves et les enfants de ceux qui auraient succombé à leurs blessures, des secours pourront être accordés par le Maire aux sapeurs-pompiers dans le cas de maladie grave, de blessures reçues dans le service et occasionnant une incapacité de travail de longue durée, mais non permanente.

Ces secours sont accordés sur la proposition du commandant, approuvée par l'Adjoint délégué au Service des incendies.

Un dossier de pièces justificatives devra toujours accompagner ces demandes de secours exceptionnels.

Récompenses

. ART. 31. — Les actes de courage et de dévouement, le zèle constant dans le service, les services importants, pourront motiver les récompenses suivantes :

1° Témoignage de satisfaction ;

2° Mise à l'ordre du jour ;

3° Gratification pécuniaire ;

4° Récompense honorifique.

Les trois premières récompenses sont accordées par le Maire, sur la proposition du commandant, la quatrième est accordée par M. le Ministre de l'Intérieur.

Aucune récompense pécuniaire des particuliers à l'occasion du service ne peut être acceptée sans l'autorisation du Maire.

Tout sapeur-pompier qui se retire volontairement avant l'expiration de son engagement ou qui est rayé des contrôles par mesure disciplinaire, perd ses droits aux immunités qu'il peut tenir de l'Etat, à la répartition de la masse commune, ainsi qu'aux avantages pécuniaires facultatifs auxquels il pouvait prétendre de la Ville, réserve faite des droits acquis à pension.

Logements — Mess

ART. 32. — Les officiers, les sous-officiers, les caporaux et les sapeurs sont pourvus de logements à la caserne ou dans les postes centraux. Ceux dont les familles ne pourraient être momentanément logées reçoivent une indemnité annuelle.

Le personnel logé a droit au chauffage et à l'éclairage.

Les célibataires sont couchés en dortoir. Il en est de même des sapeurs mariés non logés en caserne, lorsqu'ils sont de service.

Les hommes mariés prennent leurs repas chez eux. Les célibataires prennent leurs repas au mess; le décompte des dépenses est arrêté chaque mois et le montant de la pension retenu sur la solde.

Le mess est géré par un sous-officier ou un caporal, sous le contrôle du capitaine-adjudant-major.

Service — Permissions et Congés

ART. 33. — Le service se prend pour vingt-quatre heures, à l'heure de la garde montante, fixée à 8 heures. Il est réglé de telle façon que chaque officier, sous-officier et sapeur puisse, à moins de cas de force majeure, disposer d'un repos de vingt-quatre heures tous les six jours. Aucun d'eux ne peut dépasser les limites de la ville sans l'autorisation du Maire. Les cinq jours de service sont coupés par un service de représentation. Il peut être accordé au personnel de service de représentation des permissions de sortie pendant la journée ou après le spectacle, subordonnées aux disponibilités et aux exigences du service général.

Ces permissions ne constituent pas un droit, mais une simple faveur.

Les hommes de représentation remplacent dans le piquet et aux heures des repas leurs camarades dont les familles sont encore logées en ville.

L'absence par congé régulier ou de maladie dûment constatée est le seul cas valable pour empêcher le service.

Un congé annuel avec solde est accordé au personnel dans les conditions suivantes :

30 jours pour le chef de bataillon commandant;

25 jours pour les autres officiers;

20 jours pour les sous-officiers et sapeurs.

(Pour les permissions extraordinaires, se reporter à l'arrêté sur le personnel municipal.)

Conseil de discipline

ART. 34. — Le Conseil de discipline est composé comme suit :

Le Maire ou son délégué, président;
Deux Conseillers municipaux désignés par le Conseil municipal;
Le commandant;
Un lieutenant;
Un sous-lieutenant;
Un adjudant de compagnie;
Deux sergents;
Un caporal;
Un sapeur;

Le capitaine-adjudant-major fait fonctions de rapporteur et le sergent-major ou, à défaut, un sergent fourrier, fait fonction de secrétaire-greffier.

Tous les membres sont désignés comme pour le Conseil d'administration et dans les mêmes conditions.

La présence aux séances est obligatoire. Si, par suite d'un cas de force majeure, un membre du Conseil de discipline ne peut se rendre à une convocation, il en informe le président ou le commandant. Il en est fait mention au procès-verbal.

Le Conseil de discipline ne peut délibérer que lorsque sept membres au moins sont présents à la séance. En cas de partage de voix, celle du président est prépondérante.

Le Conseil de discipline se réunit sur convocation du Maire.

Les membres désignés pour en faire partie restent en fonctions pendant deux ans.

L'inculpé, qui comparaît en personne et en petite tenue, peut se faire assister d'un Conseil. S'il ne comparaît pas, il est jugé par défaut, sauf motif reconnu valable; dans ce cas, il est procédé au renvoi à huitaine ou à quinzaine.

Discipline

ART. 35. — Tout homme faisant partie du bataillon doit entière obéissance à ses supérieurs.

Le chef de corps doit obtempérer aux réquisitions du Maire pour tous les services prévus par le Décret du 18 avril 1914 et le présent Règlement.

La déférence envers les supérieurs est obligatoire de la part des membres des familles des sapeurs logeant dans la caserne ou dans les postes.

Le Maire peut prendre des mesures répressives pouvant aller jusqu'à l'expulsion des bâtiments communaux à l'égard des ménages qui troubleraient l'ordre ou ne se comporteraient pas convenablement dans les locaux municipaux.

ART. 36. — Les officiers et gradés du bataillon ont droit, de la part de leurs subordonnés aux mêmes marques extérieures de respect que les assimilés dans l'armée.

Les sapeurs-pompiers de tous grades doivent les mêmes marques de respect aux militaires des grades supérieurs aux leurs. A égalité de grade, ils saluent les premiers. Pour toūs les grades, le salut militaire est le seul admis.

Peines disciplinaires

ART. 37. — Les peines disciplinaires sont. :

1° La réprimande;

2° La mise à l'ordre;

3° Le service hors tour;

4° La privation totale ou partielle des avantages accordés aux sapeurs (congés, services rétribués);

5° L'amende;

6° La privation de grade temporaire ou définitive;

7° La rétrogradation de classe ou de grade pendant un temps déterminé;

8° L'exclusion temporaire avec retenue de traitement;

9° La révocation.

Les cinq premières peines sont infligées par le commandant, ainsi que les amendes au-dessus de 5 francs.

Les amendes au-dessous de 5 francs inclusivement peuvent être infligées par les autres officiers, ainsi que les trois premières peines.

Des punitions infligées par les officiers, les trois premières sont sanctionnées par le Maire, les quatrième et cinquième sont ratifiées par le Conseil d'administration.

Les quatre dernières peines sont prononcées par le Conseil d'administration après avis du Conseil de discipline.

Tarif des amendes

ART. 38. — Abandon momentané des postes dans un incendie ou dans un théâtre.............Fr. 10 »

Absence sans permission..................... 5 »

Calomnie envers un tiers.................... 5 »

Défaut d'exécution d'une consigne ou d'un ordre donné............................... 3 »

Désordre pendant le service................. 5 »

Défaut de salut à un supérieur, quel que soit son grade, ou à un fonctionnaire civil ou militaire. 2 »

Fumer à l'exercice ou sur les fourgons........ 2 »

Ivresse légère hors du service (première fois)... 10 »

Manquer à un service commandé............. 5 »

Manquer à un appel ou à une manœuvre...... 3 »

Manquer à un départ de feu (première fois)... 5 »

Mauvaise tenue en ville ou dans un poste.... 5 »

Mauvaise tenue dans un théâtre............. 10 »

Mauvais propos à l'égard d'un camarade...... 3 »

Mauvais propos à l'égard d'un supérieur...... 5 »

Mauvais exemple donné par un supérieur à un subordonné................................ 3 »

Mauvaise volonté à l'exercice................. - 5 »

Mauvais entretien des effets.................. 15 »

Négligence du travail....................... 5 »

Querelles entre sapeurs..................... 5 »

Réclamation directe à l'Administration sans
passer par la voie hiérarchique............ 5 »

Se faire porter malade à la suite d'une obser-
vation et n'être pas reconnu par le médecin. 5 »

Tenue négligée ou malpropre dans la caserne. 2 »

Tenue négligée ou malpropre dans un poste ou
dans un lieu public..................... 5 »

Troubler la tranquillité dans la caserne ou dans
les postes............................... 5 »

Amendes spéciales aux conducteurs
et aux ouvriers

ART. 39. — Les amendes de 5 francs peuvent être
infligées par le chef du Service technique de qui dépend
l'ouvrier ou le conducteur, les autres par le commandant.

Insuffisance de graissage................Fr. 5 »

Malpropreté des voitures ou du matériel...... 5 »

Manque d'essence ou d'huile............... 5 »

Négligence.............................. 5 »

Perte de matériel.................... de 5 à 10 »

Perte d'outils....................... de 5 à 10 »

Le sapeur conducteur ou l'ouvrier qui encourra plu-
sieurs punitions pour le même motif sera relevé de son
emploi et remis dans le rang.

Cette nomenclature n'est qu'indicative.

Pour les fautes non prévues, il appartiendra au commandant, sur rapport de l'officier ou du chef technique
qui aura signalé la faute, de juger de l'importance de
l'amende à infliger.

Pour-celles présentant un réel caractère de gravité
contre la discipline, telles que l'insubordination, le refus
d'obéissance, la réponse grossière à un supérieur, etc.,
il sera fait appel au Conseil de discipline.

Amendes aux Officiers

ART. 40. — Ne pas faire entièrement la ronde, par
poste omis....................................Fr. 10 »
Officier n'ayant pas exécuté les consignes
données. .... 20 »
Manquer sans motif reconnu valable à une
séance du Conseil de discipline ou d'administration. ....·... 20 »
Les amendes aux officiers sont infligées par le Maire,
sur rapport du commandant.

De la révocation

ART. 41. — Sera exclu du corps après décision du
Conseil d'administration, sur avis du Conseil de discipline, le sapeur de tout grade qui aura commis une
faute grave telle que :

Avoir encouru trois punitions graves pendant l'année ;
Condamnation correctionnelle entachant l'honneur et
la probité ;
Etat d'ivresse habituel ;
Fumer pendant son service au théâtre ;
Infraction grave et réitérée au règlement ;
Insubordination habituelle ;
Insultes et voies de fait d'un supérieur envers un
subordonné ou d'un inférieur envers un supérieur ;
Manque de respect ou insulte au Conseil de disci-
pline ;
Manquer habituellement à ses devoirs de sapeur-pom-
pier ;
Manquer de respect pendant le service par outrages,
paroles ou voies de fait envers ses chefs, l'autorité ou
l'un de ses délégués ;
Mauvaise conduite habituelle (à l'intérieur ou à l'exté-
rieur) ;
Mauvaise vie ;
- Refus d'exécuter un service commandé ;

Refus de se soumettre aux décisions du Conseil d'administration;

Rétribution exigée des personnes chez lesquelles il a été appelé à intervenir en cas de sinistre;

Vol de denrées ou d'objets quelconques dans un incendie;

Vol d'objets ou d'argent à des camarades ou à l'Administration.

Cette énumération n'est qu'indicative.

ART. 42. — Le sapeur-pompier prévenu d'avoir détourné, dissipé ou vendu du matériel ou des effets qui lui auraient été confiés par la Ville sera poursuivi devant les tribunaux.

ART. 43. — La radiation des contrôles par mesure disciplinaire entraîne contre celui qui l'a encourue :

1° La perte de tout droit à la retraite;

2° L'incapacité absolue de porter l'uniforme;

3° L'obligation de remettre immédiatement entre les mains du commandant ou de son délégué les effets qui lui ont été confiés.

En attendant la décision du Maire, le commandant peut appliquer l'exclusion temporaire pour une durée qui ne devra pas excéder un mois.

Service médical

ART. 44. — Les soins médicaux et pharmaceutiques sont donnés gratuitement aux sapeurs, à leurs femmes et à leurs enfants.

Le médecin-major assure le service médical; il donne ses consultations à la caserne dans le cabinet médical, il voit également les malades dans leur logement.

Il est secondé et remplacé au besoin dans ce service spécial par le médecin adjoint.

Les hommes qui se feront porter malades devront, à moins d'impossibilité absolue, se rendre à la consultation dans le cabinet médical. Il en sera de même pour leur famille.

Les noms des malades sont inscrits sur un cahier spécial par l'infirmier qui se rend avec ce cahier auprès du médecin-major.

Cet officier inscrit lui-même sur le cahier son diagnostic et ses observations.

Les sapeurs ou les membres de leur famille atteints de maladies contagieuses sont transférés d'urgence à l'hôpital.

Tout sous-officier, caporal ou sapeur titulaire malade, reçoit son traitement intégral pendant six mois et la moitié les six mois suivants.

Toutefois, dans le cas d'une maladie ne provenant pas d'un incendie ou d'un service commandé, s'il est reconnu par certificat du médecin du corps, à un moment quelconque de sa maladie, que ce sapeur-pompier se trouve dans l'impossibilité d'assurer, à l'avenir, un service actif, il sera rayé des contrôles du corps par décision du Conseil d'administration.

Lorsqu'un grand sinistre vient à éclater ou qu'une catastrophe survient, les médecins sont appelés à se rendre sur les lieux.

Habillement

ART. 45. — L'uniforme est celui des sapeurs-pompiers de Paris. Les attributs, les insignes du grade et les boutons sont en métal blanc. Ces derniers sont aux armes de la Ville de Bordeaux.

Tenue de feu. — Casque, veston de cuir, pantalon de drap, ceinture, bottes, cuissards en toile cirée.

Tenue d'intérieur. — Bonnet de police, veste et pantalon de drap ou de treillis, bottes.

Tenue de travail. — Effets de treillis bleu, bonnet de police.

Tenue de sortie. — Képi, vareuse, pantalon de drap (treillis blanc en été), brodequins, manteau (en hiver).

Les sous-officiers, caporaux et sapeurs sont habillés et équipés aux frais de la Ville.

Les effets doivent durer un temps déterminé par les experts municipaux, sauf accident en service commandé, dûment constaté par les sous-officiers, chefs de demi-section, que les sapeurs ont le devoir de prévenir aussitôt.

Les hommes dont les effets seraient prématurément usés ou sales recevront des vêtements neufs en remplacement et à leurs frais; retenue sera faite, sur leur part des services rétribués, du supplément de dépense ainsi occasionné.

Ceux dont les vêtements auront une durée supérieure à la durée normale prévue par les Règlements recevront chaque trimestre une prime égale à la moitié de l'économie réalisée.

Le port du veston de cuir et des bottes est interdit en dehors du Service d'incendie, de la visite des bouches l'eau et de la conduite des voitures.

La tenue civile peut être prise les jours de sortie.

Les effets des hommes malades évacués sur l'hôpital sont réintégrés au magasin et pris en consigne par l'officier chargé de l'habillement.

En cas de départ ou de radiation des contrôles du corps, pour un motif quelconque, les effets d'habillement et les objets d'équipement devront être immédiatement restitués à la Ville et remis entre les mains de l'officier chargé de ce soin.

Tout homme admis à faire partie du corps des sapeurs-pompiers est tenu de verser entre les mains de l'officier payeur, pour être déposée à la Recette municipale, une somme de cent francs comme fonds de masse et de garantie. Cette somme lui sera, d'ailleurs, remboursée en cas de départ ou de radiation des contrôles du corps, déduction faite, s'il y a lieu, de la valeur des détériorations volontaires ou prématurées faites aux effets d'habillement ou d'équipement qu'il est tenu de remettre au moment de son départ.

Dispositions générales

ART. 46. — Tout officier ou assimilé, tout sapeur-pompier entrant au corps, s'engage à accepter toutes les obligations du présent Règlement.

ART. 47. — Tout Règlement antérieur ainsi que tout Arrêté contraire aux présentes dispositions sont abrogés.

ART. 48. — Le Conseil d'administration et le commandant du bataillon sont chargés, chacun en ce qui le concerne, d'assurer l'exécution du présent Règlement.

Fait et arrêté à Bordeaux, en l'Hôtel de Ville, le 31 juillet 1923.

Le Maire de Bordeaux,
PHILIPPART.

Vu et proposé par le Commandant
du bataillon,
GIRARD.

VU ET APPROUVÉ :

Bordeaux, le 14 août 1923.

POUR LE PRÉFET :

Le Secrétaire général,
ROBERT BILLECARD.

TABLE